LES ANIMAUX FANTASTIQUES

LES
ANIMAUX
FANTASTIQUES

LE NIFFLEUR

Dans les coulisses du film Les Animaux fantastiques

Par Ramin Zahed

J.K. ROWLING'S WW WIZARDING WORLD

GALLIMARD JEUNESSE

LE NIFFLEUR

Le Niffleur est l'une des nombreuses créatures insolites du film *Les Animaux fantastiques*. Il y apparaît sous la forme d'un rongeur au long museau et à la sombre fourrure. Ce petit animal adore creuser le sol à la recherche d'or ou d'objets brillants et peut causer de grands dégâts dans les habitats humains. Dans le film, le Niffleur joue un rôle essentiel puisque c'est lui qui déclenche les péripéties new-yorkaises de Norbert Dragonneau. Eddie Redmayne, l'interprète de Norbert, explique : « Ils ont une relation amour-haine extraordinaire. Le Niffleur est à la fois exaspérant et merveilleux ! »

L'INCIDENT À LA BANQUE

Après que le Niffleur s'est échappé de sa valise, Norbert le pourchasse jusque dans la chambre forte remplie d'objets étincelants. La traque se termine dans une ruelle par l'échange malencontreux de la fameuse valise avec celle de Jacob. Afin de permettre aux acteurs d'interagir de manière crédible avec le Niffleur, une marionnette a été fabriquée pour le tournage. Puis, sous la houlette de Tim Burke et de Christian Manz, l'équipe des effets spéciaux a effacé la marionnette des prises de vues réelles pour la remplacer par la version numérique du personnage.

NORBERT DRAGONNEAU

Norbert Dragonneau est le héros principal des *Animaux fantastiques*. Il est magizoologiste : son travail consiste à étudier les créatures magiques. Le film se passe en 1926, soixante-dix ans avant les événements de *Harry Potter à l'école des sorciers*, lorsque le jeune homme arrive à New York. Le comédien Eddie Redmayne raconte avoir été captivé par la nouvelle aventure imaginée par J.K. Rowling : « Son univers est vraiment fabuleux – ça ne ressemble à rien de ce que j'ai pu faire ! » L'acteur s'est beaucoup attaché au personnage de Norbert. « J'aime sa capacité à s'émerveiller et la façon dont il voit les choses. Je ne suis pas sûr qu'il soit particulièrement doué avec les humains mais il est en paix avec lui-même. C'est quand il est avec les animaux, dans sa valise magique, qu'il se sent le mieux. »

UN AMI LOYAL

Bien qu'on ne sache pas grand-chose de la vie de Norbert avant les événements du film, il ne fait aucun doute qu'il aime les créatures qu'il étudie. C'est un courageux au grand cœur, marginal et fier de l'être. Comme l'explique Eddie : « C'est un excellent magizoologiste et un ami fidèle. À l'évidence, il a énormément d'affection pour les animaux magiques ; il ira les chercher où qu'ils soient. Il fera tout pour les protéger. En un sens, il les connaît mieux qu'il ne se connaît lui-même, et les comprend certainement mieux qu'il ne comprend les gens ! »

POUR LE RÔLE

Pour se préparer au rôle, Eddie a étudié la façon dont les zoologistes pistent les animaux dans la nature. Ses observations ont grandement influencé son interprétation : « Ils doivent être incroyablement silencieux quand ils suivent un animal, souligne-t-il. Par exemple, ils marchent les pieds tournés vers l'extérieur : ainsi, ils sont libres de placer chaque jambe exactement où ils le souhaitent. J'ai repris cette astuce. »

LA NATURE, UNE SOURCE D'INSPIRATION

Pour créer le Niffleur et les autres créatures, les dessinateurs chargés de concevoir l'ambiance du film ont puisé dans le monde de la nature. Le producteur David Heyman explique : « Nous avons réalisé, en regardant des photos et des documentaires, que la faune et la flore sont souvent plus incroyables que ce que l'on peut imaginer. Nos animaux sont donc fantastiques mais inspirés de la réalité pour ce qui concerne l'anatomie et les détails physiques. » David Heyman, qui a aussi produit la saga *Harry Potter*, souligne que toutes les créatures du film ont un point commun : « Elles sont toutes très sympathiques et charmantes ! Certaines sont pleines d'esprit, d'autres espiègles, d'autres encore effrayantes, mais il y a toujours en elles une sorte d'humanité. »

PLUS VRAIS QUE NATURE

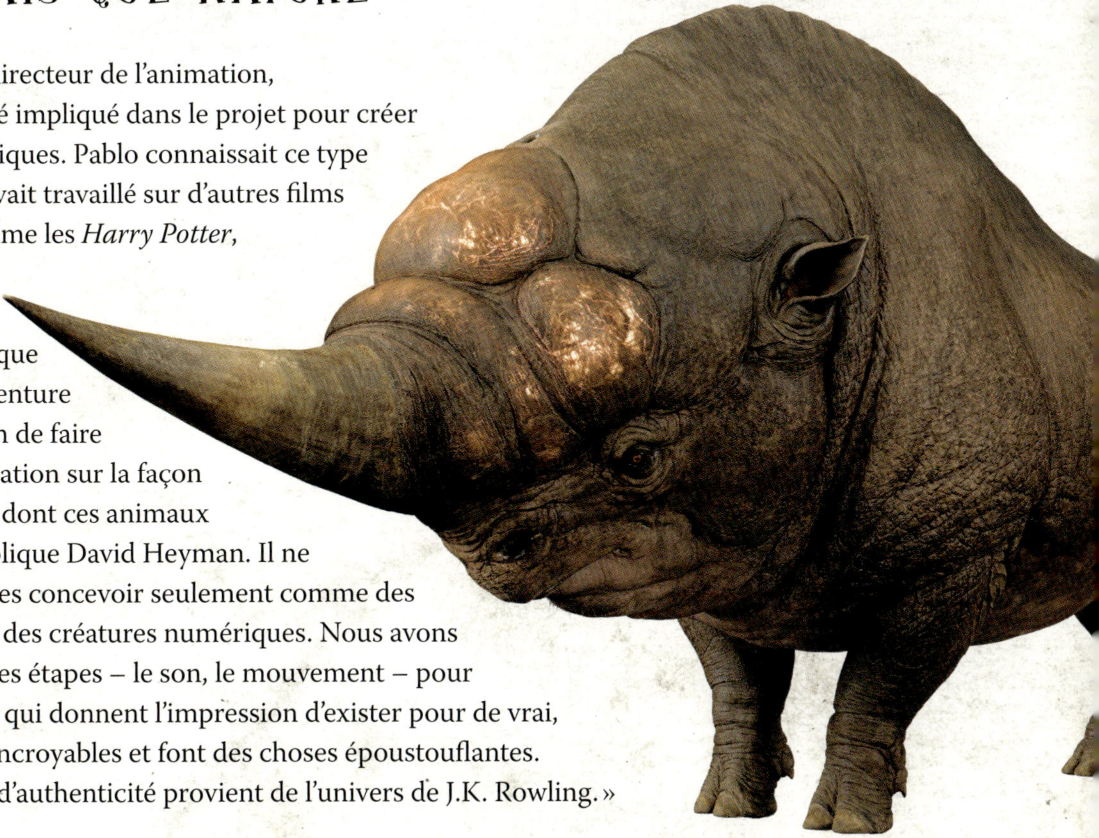

Dès le début, le directeur de l'animation, Pablo Grillo, a été impliqué dans le projet pour créer les animaux magiques. Pablo connaissait ce type de créatures : il avait travaillé sur d'autres films fantastiques comme les *Harry Potter*, *La Boussole d'or* ou *Paddington*. « Nous voulions que Pablo soit de l'aventure dès le départ, afin de faire des essais d'animation sur la façon bien particulière dont ces animaux se déplacent, explique David Heyman. Il ne s'agissait pas de les concevoir seulement comme des marionnettes ou des créatures numériques. Nous avons fusionné toutes les étapes – le son, le mouvement – pour obtenir des êtres qui donnent l'impression d'exister pour de vrai, même s'ils sont incroyables et font des choses époustouflantes. Cette recherche d'authenticité provient de l'univers de J.K. Rowling. »

UNE BELLE RELATION

Norbert et le Niffleur ont une relation singulière. Eddie Redmayne a mobilisé son imagination pour savoir à quoi pourrait ressembler la vie quand on a un Niffleur dans sa valise. « C'est l'une de mes créatures préférées, mais quel tempérament ! Avec lui, tout va de travers, c'est un être amusant qui suscite une folle série de rebondissements. Il sème le chaos mais, en fait, j'adore le détester ! » Incarner Norbert et chercher à voir par ses yeux ces animaux a rappelé à Eddie son enfance, quand il inventait toutes sortes d'histoires. « Question imagination, c'est une expérience merveilleuse ! J'ai eu la chance de travailler avec des marionnettistes incroyables ainsi qu'avec Pablo Grillo, le directeur de l'animation. En plus d'avoir conçu les créatures, Pablo est quelqu'un d'exceptionnel. Les descriptions physiques qu'il en a données m'ont beaucoup aidé sur le plateau. »

DANS LA VALISE MAGIQUE

Toutes les créatures fantastiques, y compris le Niffleur, sont cachées dans la valise magique de Norbert. Or, si celle-ci s'ouvrait normalement, les animaux pourraient s'en échapper et semer le chaos autour d'eux ! C'est pourquoi le sorcier a prévu un mécanisme spécial : quand celui-ci est enclenché, la valise paraît ordinaire aux yeux des Non-Maj' (les Moldus américains). Norbert en fait usage à l'Autorité portuaire de New York, de sorte que les douaniers n'y trouvent que des vêtements, des jumelles et une carte, entre autres affaires typiques d'un touriste. Pour créer cet étonnant bagage et donner vie à l'univers de J.K. Rowling, Stuart Craig, le chef décorateur, et Christian Manz, le responsable des effets spéciaux, ont travaillé main dans la main. « C'est l'une des rares fois dans le film où l'on pénètre dans un monde vraiment enchanteur, note Christian. Le public en fait l'expérience à travers le personnage de Jacob, qui descend dans la valise et découvre cette nature fantastique et extravagante. » Stuart Craig et Christian Manz ont étudié plusieurs concepts avant d'aboutir à celui que l'on voit à l'écran. « On a ajouté aux décors réels dans lesquels évoluent les héros une dimension magique, créée par ordinateur, pour les créatures », explique Christian.

JACOB KOWALSKI

Jacob Kowalski est l'un des premiers personnages importants créés par J.K. Rowling qui ne soit pas sorcier. Cet ouvrier, qui est revenu de la Première Guerre mondiale, rêve de devenir boulanger. Ayant accidentellement échangé sa valise avec celle de Norbert et causé l'évasion du Niffleur, il se retrouve mêlé à la communauté secrète des sorciers de New York. « Je me suis très bien identifié au personnage car j'ai grandi à New York et j'ai toujours été fasciné par les années 1920, raconte Dan Fogler, qui joue Jacob. C'est le meilleur rôle que j'ai jamais eu ! »

UN NON-MAJ' AUX TALENTS FOUS

Pour le public, découvrir l'univers fascinant du film du point de vue de Jacob, un homme ordinaire, est une expérience exaltante. « Il est, littéralement, le dernier à être revenu de la guerre, explique Dan. On lui a dit de continuer à creuser, donc il l'a fait. Et puis, un jour, il lève la tête, et voit qu'il n'y a plus personne ! Alors il rentre chez lui. » Dan précise que Jacob n'a pas de pouvoirs magiques mais qu'il a une personnalité attachante. « Il adore faire rire les gens ; il aime aussi préparer des gâteaux. Il réussit des pâtisseries démentielles. Et ça, c'est de la magie, non ? »

TINA GOLDSTEIN

Personnage intrigant, Porpentine Goldstein, dite « Tina », fait partie du cercle des nouveaux amis de Norbert Dragonneau. Auparavant Auror au MACUSA (le Congrès Magique des États-Unis d'Amérique), elle a été rétrogradée. Elle et sa sœur Queenie travaillent au Bureau du permis de baguette magique.

VOYAGE DANS LE TEMPS

Tina est interprétée par la comédienne Katherine Waterston, à qui le New York des années 1920 tient particulièrement à cœur. « Nous avons tourné dans des décors extraordinaires, pleins de détails de l'époque et de motifs Art déco, comme ces panneaux magnifiques qui existaient alors partout dans New York, mais qui ont pratiquement disparu aujourd'hui. C'est une expérience incroyable de faire ce saut dans le temps et de voir le monde qu'a connu ma grand-mère ! »

Comme la plupart des autres acteurs, Katherine est ravie d'avoir intégré l'univers fantastique de J.K. Rowling. « Il fallait donner l'impression que tout était normal et ne pas s'émerveiller de ce qui se passait autour de nous, avoue-t-elle. Ce qui était difficile, parce que c'était vraiment drôle de voir les autres acteurs, les choses qui volaient au-dessus des têtes ou rampaient le long des bras, sans compter les efforts physiques qu'exigeait le tournage. Nous étions comme des enfants qui s'amusent ! »

QUEENIE GOLDSTEIN

Queenie est la sœur cadette de Tina Goldstein. Les deux femmes, qui ont perdu leurs parents quand elles étaient enfants, sont très proches. Sorcière douée et enjouée, Queenie est une Legilimens : elle lit dans les esprits. Par ailleurs, elle adore utiliser ses pouvoirs pour cuisiner.

LA BELLE ET LES BÊTES

La vie de Queenie change à jamais après sa rencontre avec Norbert et ses créatures magiques. « C'est génial de jouer avec elles, raconte Alison Sudol, qui tient le rôle de Queenie. Elles sont assez terrifiantes à première vue car on ne sait pas si elles sont agressives ou gentilles, ni de quoi elles sont faites. Mais toutes sont adorables, on a envie de leur faire des câlins ! C'est ce que Norbert apporte à ces créatures incomprises : cette humanité qui nous laisse entrevoir à quel point elles sont attachantes. »

UN LIEN PUISSANT

Grande admiratrice des romans de J.K. Rowling, Alison se sent honorée d'explorer l'univers inédit des *Animaux fantastiques*. « Nous sommes tous conscients de l'héritage de Harry Potter, mais ce qui est bien, c'est que c'est une nouvelle histoire, quelque chose que nous créons tous ensemble. Il y a un lien très fort avec ce qui existe déjà, mais c'est aussi un monde à part. Et puis l'histoire a du sens et du cœur, aucun cynisme – j'aime beaucoup. »

LE CONGRÈS MAGIQUE DES ÉTATS-UNIS D'AMÉRIQUE (MACUSA)

Le MACUSA, le Congrès Magique des États-Unis d'Amérique, est l'équivalent du ministère britannique de la Magie. Les bureaux de cette organisation spéciale sont cachés dans le Woolworth Building, à Manhattan. Avec ses 241 mètres de hauteur et ses 57 étages, le Woolworth Building était, lors de son inauguration en 1913, le plus haut gratte-ciel au monde. « La façade est de style néogothique, précise Stuart Craig, le chef décorateur. Toute cette époque est marquée par des contrastes incroyables. Cela correspondait aux débuts du modernisme. »

LE SCEAU DU MACUSA

Le sceau du MACUSA représente un phénix stylisé – symbole de renouveau et d'immortalité – et un drapeau américain à 48 étoiles, l'Alaska et Hawaii n'ayant alors pas encore rejoint les États-Unis.

DES LEÇONS DE L'HISTOIRE

Quatre phénix en or ornent le hall du MACUSA. On y voit aussi les statues de quatre adultes et un enfant, un hommage aux victimes des procès de Salem. Elles sont là pour rappeler les persécutions que les Non-Maj' ont infligées aux sorciers américains dans le passé. Stuart confie : « Il est important d'ancrer le monde magique dans le contexte du monde moldu, qu'il puise ses racines dans des événements réels et familiers. »

LE SOUCI DU DÉTAIL

Les artistes et artisans qui ont conçu les éléments architecturaux complexes du MACUSA ont veillé aux moindres détails pour restituer toute la magie des lieux. Ils ont ainsi privilégié des accessoires discrets, qui révèlent le quotidien des sorciers. Par exemple, les lampes ne sont pas posées sur les bureaux mais lévitent légèrement au-dessus. « J'adore la cireuse de baguettes, confie Stuart. L'elfe de maison qui s'en occupe place la baguette dans un polissoir en plumes d'autruche puis enfonce son bras dans l'appareil. Quand il l'en retire, son bras est tout propre ! »

PERCIVAL GRAVES

Percival Graves, Auror puissant à la tête de la Sécurité magique du MACUSA, est incarné par le célèbre acteur irlandais Colin Farrell, qui se dit enchanté d'avoir rejoint le monde fantastique de J.K. Rowling. Il aurait même aimé qu'on lui propose un rôle plus tôt ! « Faire partie de cet univers est vraiment génial. J.K. Rowling crée des mondes sublimes, et je me suis beaucoup amusé dans ce film. » Il a aussi aimé travailler avec David Yates et les autres acteurs. « David est un homme et un réalisateur extraordinaire, c'est un peu le gardien du royaume. Il connaît extrêmement bien la mythologie de cet univers et a une profonde affinité avec ses personnages et ses coutumes. C'était super d'être à ses côtés. »

À LA BAGUETTE !

Afin qu'il s'entraîne à manier correctement sa baguette, on avait donné à Colin Farrell une ancienne baguette de chef d'orchestre. « Je déambulais en peignoir dans ma chambre d'hôtel, baguette à la main, se souvient-il, en inventant des mouvements élaborés et en faisant semblant de pratiquer la magie pour allumer la télévision ! »

UNE RELATION MYSTÉRIEUSE

Percival entretient une relation avec Credence (joué par Ezra Miller), le fils adoptif de Mary Lou Bellebosse, chef de la Fondation Philantropique du Nouveau Salem. La raison qui pousse Graves à sympathiser avec Credence reste floue, bien que l'Auror semble l'encourager. Colin explique : « Credence est un jeune homme qui, comme tant d'autres, paraît perdu dans la vie. Le monde semble être un mystère pour lui, tout comme sa propre personne. Graves lui prodigue des conseils. Il lui donne de la tendresse… mais il le manipule aussi un peu. »

L'HABIT FAIT LE MOINE

Dans le film, Graves porte un très long manteau aux épaules disproportionnées. Ses tenues, créées par la costumière Colleen Atwood, sont surtout sombres, avec une touche de blanc, de manière à les différencier des autres costumes et décors, plus colorés. La simplicité brute du manteau traduit en outre l'attitude franche et l'environnement structuré du personnage.

PERSONNALISE TON NIFFLEUR

Les maquettes des Kits collector sont entièrement personnalisables. Conçues en bois non traité, elles peuvent être décorées avec de la peinture, des feutres, des crayons, des perles, des paillettes – tout ce qui te plaira ! Avant de te lancer dans le montage et la décoration de ta maquette, lis attentivement la notice pour savoir comment assembler toutes les pièces. Puis réfléchis à ce que tu veux vraiment : souhaites-tu une réplique exacte du Niffleur ou une créature totalement différente ? C'est à toi de choisir ! Voici un exemple pour te donner des idées.

IL TE FAUT

* Un pinceau
* De la peinture noire, marron, grise, rose, couleur chair, dorée et orange foncé

FACULTATIF

* De la gouache
* Un feutre or métallique

AVANT DE TE LANCER

* La gouache est une peinture à l'eau opaque, qui se mélange facilement et couvre bien le bois. Tu peux aussi utiliser de la peinture acrylique.
* Il est plus facile de peindre le Niffleur avant de l'assembler. De même, mieux vaut peindre les pièces de monnaie (étape 2) séparément et les fixer une fois sèches.

1. Peins toute la maquette en noir, sans oublier les recoins ni les petites fentes, et laisse-la sécher.
2. Peins les pièces d'or. Si tu en as un, tu peux utiliser un feutre métallique.
3. Quand la peinture noire est bien sèche, peins des cercles couleur chair autour des yeux.
4. Peins l'ensemble du museau de cette couleur en remontant jusqu'aux yeux.
5. Peins le bout du museau en rose.
6. Applique des petites touches orange foncé sur le museau de manière à créer un dégradé allant de l'orange foncé à la couleur chair, comme sur le modèle.
7. Peins le bord interne des yeux en orange foncé.
8. Peins les griffes du Niffleur en marron, et le reste de ses pattes avant et arrière couleur chair.
9. Dépose un peu de peinture orange foncé sur les pattes et mélange-la à la couleur chair afin de créer un dégradé, comme pour le museau.
10. Donne des petits coups de pinceau avec la peinture grise sur l'ensemble du corps de l'animal pour représenter sa fourrure.
11. Pour terminer, passe un gris plus clair sur les extrémités de tous les traits de pinceau gris.

Conçu sous la marque IncrediBuilds™, une marque de Insight Editions LP, PO Box 3088, San Rafael, CA 94912, États-Unis, www.insighteditions.com

Édition originale publiée en 2016 par Insight Editions, San Rafael, Californie, États-Unis, sous le titre *Niffler*

POUR L'ÉDITION ORIGINALE
Direction éditoriale : Raoul Goff
Direction artistique : Chrissy Kwasnik
Conception : Leah Bloise
Édition : Vanessa Lopez
Coordination éditoriale : Greg Solano
Assistance éditoriale : Katie DeSandro, Elaine Ou
Fabrication : Lina sp Temena, Thomas Chung
Coordination de la fabrication : Leeana Diaz, Sam Taylor
Conception du modèle : Liang Tujian, Team Green

INSIGHT EDITIONS souhaite remercier David Heyman, Victoria Selover, Melanie Swartz, Elaine Piechowski, Margo Guffin, Kevin Morris, Jill Benscoter, Nikki Judd, Gina Cavalier, Katie Cellan-Jones et Nick Gligor.

ROOTS of PEACE REPLANTED PAPER

Pour chaque arbre utilisé dans la fabrication de cet ouvrage, Insight Editions, en partenariat avec Roots of Peace, en replantera deux. Roots of Peace est une association humanitaire de renommée internationale : elle se consacre à l'éradication des mines et reconvertit des zones dévastées par la guerre en fermes ou en habitats pour la faune sauvage. En plus de planter deux millions d'arbres fruitiers et d'arbres à noix en Afghanistan, Roots of Peace fournira aux fermiers locaux les compétences et le soutien nécessaires à l'exploitation durable de leurs terres.

Réalisation de l'édition française : Agence Juliette Blanchot, Paris
Traduction : Marie Renier
Suivi de traduction : Sylvie Gauthier
Adaptation de couverture : Guillaume Arduré

ISBN : 978-2-07-507628-9

Gallimard Jeunesse, 2016

Dépôt légal : novembre 2016
Numéro d'édition : 307636
Loi n° 49-956 du 16 juillet 1949 sur les publications destinées à la jeunesse

Imprimé en Chine